THÈSE

SUR

L'ACCEPTATION ET LA RÉPUDIATION DES SUCCESSIONS,

EN DROIT ROMAIN ET EN DROIT FRANÇAIS;

Laquelle sera soutenue le Samedi 18 Janvier 1823, à deux heures et demie, dans la Salle des Cours publics de la Faculté de Droit de Paris,

Par Albert-Paul ROYER-COLLARD,

AVOCAT A LA COUR ROYALE,

L'UN DES CONCURRENS POUR LES SUPPLÉANCES VACANTES A LA FACULTÉ.

PARIS,

A. EGRON, IMPRIMEUR

DE SON ALTESSE ROYALE MONSEIGNEUR, DUC D'ANGOULÊME,

RUE DES NOYERS, N° 37.

1822.

M. Hennequin —

JUGES DU CONCOURS.

M. DELVINCOURT, Conseiller de l'Université, doyen de la Faculté, *Président*.

MM.		MM.	
MORAND, PARDESSUS, BLONDEAU, BERRIAT ST.-PRIX, GRAPPE, DE PORTETS, DURANTON, DEMANTE, DUCAURROY, DEMIAU-CROUZILHAC,	*Professeurs.*	OLLIVIER,	*Conseiller à la Cour de Cassation.*
		DE FRASANS, D'HARANGUIER DE QUINCEROT,	*Conseillers à la Cour royale.*

JUS ROMANUM.

De acquirenda vel omittenda hereditate (quæ ab intestato defertur).

Cum hereditas universum jus defuncti contineat, *l.* 24, *ff. de Verb. sign.*, ut lucrosa, ità et damnosa esse potest, *l.* 119, *eod. tit.* Undè is qui delatam sibi hereditatem acquirit, se obligat, *l.* 6. *C. de Hered. act.*, et tenetur non solùm legata et fideicommissa præstare, sed et æs alienum si quod à defuncto fuerit contractum solvere. Ei ergo succursum fuit, ne id quod utilitatis causâ institutum fuerat, ad detrimentum verteretur; et libertas concessa hereditatis omittendæ, *l.* 16, *C. de Jure delib.*

1. Qui hereditatem sibi delatam accipit, *acquirere* vel *adire* dicitur; qui recusat, *abstinere* vel *repudiare*.

2. Cùm verò sæpiùs primo rerum aspectu onera hereditatis aut graviora, aut leviora esse videantur, et temerarii hominis sit sine deliberatione hereditatem adire aut repudiare; certum tempus datum est, quo pendente à creditoribus hereditariis conveniri non possit; in vires autem hereditatis et æs alienum inquirat. Quod *jus deliberandi* dicitur.

Concessum prætereà fuit *inventarii beneficium*, quo legitimè confecto, heres non tenetur ad æs alienum ultrà vires hereditatis solvendum, et fit separatio bonorum.

De quibus cunctis diversas juris regulas breviter exponemus.

I. *De adeundâ vel acquirendâ hereditate.*

Variis modis acquiritur hereditas, pro variâ heredum qualitate et differentiâ. Heredes autem, aut necessarii dicuntur, aut sui et necessarii, aut extranei. *Inst. de Hered. qual. et diff. in princ.*

1. Heres necessarius est servus à domino institutus, qui sive velit, sive nolit, ipso jure fit heres, nec abstinere potest, salvo tamen inventarii beneficio. De necessario herede non agemus, cùm hic de hereditatibus tantùm tractetur, quæ ab intestato deferuntur.

Sui et necessarii heredes sunt liberi qui tempore mortis in defuncti potestate constituti erant, primumque gradum in familiâ obtinebant. Hi ex lege duodecim tabularum ipso jure heredes fiunt, sive velint, sive nolint. Cùm verò durum sit, liberos cogi heredes esse, si plus æris alieni quàm facultatum pater reliquerit, volentibus prætor abstinere permittit.

Ceteri heredes extranei dicuntur seu voluntarii : hi optionem habent, heredes esse velint, nec ne, et ideò possunt uti libuerit hereditatem adire aut repudiare.

2. Acquiritur autem delata hereditas quatuor modis, cretione, aditione, immixtione, et pro herede gestione.

Cretio est aditio solemnibus verbis prolatis facta, cùm testator certos dies præfinierat, intrà quos heres hereditatem adire cogeretur. Quæquidem solemnitas ab hereditatibus aliena quæ ab intestato deferuntur prorsùs sublata fuit, *l.* 17 *C. de Jure delib.*

Adire dicuntur stricto sensu non sui heredes, qui ipso jure heredes sunt, sed extranei, si verbis declarent se heredes esse velle. Cùm enim hereditas heredum suorum sit, nisi abstinuerint, etiam antè immixtionem ; extranei quandiù non adeunt, hereditas jacens permanet.

Indè pariter differunt immixtio et pro herede gestio. Non enim suus heres pro herede gerit, quandoquidem heres est ; sed hereditati suæ se immiscet. Extraneus autem pro herede gerere dicitur, si quid egerit ex quo colligatur se velle heredem fieri.

Cùm verò beneficio abstinendi liberi verè sint heredes voluntarii, lato sensu dicuntur etiam sui heredes hereditatem adire, et pro herede gerere. Imò hereditatis aditio pro herede gestionem quoque continet, ut colligitur ex *Inst.* §. *ult. de Hered. qual. et diff.*

3. Hoc ultimo sensu is hereditatem adire dicitur, qui aut verbis aut factis indicat se velle heredem esse.

Verbis : putà si quis in jure interrogatus responderit se heredem esse, *Arg. ex l. ult. ff. de Interr. in jure fac.*

Factis : an quis pro herede gessisse videatur, non tàm facti quàm animi est, *l.* 20, *ff. de Acq. vel. omitt. hered.*, licet ex factis præcipuè ille animus dijudicari debeat. Sed et factorum variæ distinguendæ sunt species. Sunt enim alia quæ citrà nomen et jus heredis fieri non possunt, alia verò quæ vel jure et titulo heredis, vel etiam sine jure et titulo heredis agi possunt. Si talia fiant, quæ citrà jus et nomen heredis fieri non possint, pro herede gestum fuisse omninò videbitur, *l.* 20, *in pr. et* §. 4, *ff. de Acq. vel omitt. hered.* : Veluti si is cui delata est hereditas coheredi moveat judicium familiæ erciscundæ, aut provocatus eo judicio ad divisionem procedat, *l.* 36, *ff. Famil. ercisc.;* vel si actiones in judicio adversùs hereditarios debitores exerceat. *Arg. ex l.* 6, *in fin. ff. de Negot. gest.*

Quòd si is cui delata est hereditas ea gesserit quæ et tanquàm heres et tanquàm quilibet ab hereditate alienus facere poterat, videndum an egerit animo adeundæ hereditatis. Si mortuum in sepulcrum hereditarium intulerit, sive actionem intentaverit de violato defuncti sepulcro, quia nihil ex bonis hereditariis cepit, nec ullo modo circà res hereditarias versatus est, pro herede gessisse non intelligetur, *l.* 20 *ff. de Acq. vel omitt. hered.* Si verò ea gesserit, quæ etiam sine nomine et jure heredis agere poterat, in dubio præsumetur potiùs pro herede gessisse, quia unusquisque ea quæ pro se vel pro alio agere potest, magis suo quàm alieno nomine fecisse reputandus est, *l.* 4. *ff. de Solut.* Veluti si res hereditarias vendiderit, aut locaverit, § *ult. Inst. de Hered. qual. et diff.* aut fructus rerum hereditariarum perceperit. Tunc heredi incumbit onus probandi se animo acquirendæ hereditatis non egisse, putà si nescierit sibi delatam hereditatem, § *ult. Inst. de Hered. qual. et diff. l.* 71 § 8 *et l.* 87. *ff. de Acq. vel omitt. her.*, aut si res brevi perituras custodiæ causâ distraxerit, *l.* 20, *in princ. ff. de Acq. vel omitt. hered.* Pro herede enim gerere est prò domino gerere, *Inst. de Hered. qual et diff. in fine.*

4. Cùm animi sit hereditatis acquisitio, indè sequitur ab eis qui voluntatem non habent suscipi non posse. Itaque furiosi, mente capti, et infantes hereditatem adire nequeunt. Et quia hereditatis aditio actus est legitimus, *l.* 77 *ff. de Reg. Jur.*, non potest per interpositam personam expediri; ideo per curatorem non acquiritur hereditas, *l.* 90, *ff. de Acq. vel omitt. hered.* Non ergò tutor pro pupillo qui major

infante est, nec curator pro prodigo adire, sed ipsi auctoribus tutore vel curatore possunt. Si verò ad furiosum vel infantem delata sit hereditas; uti neuter intellectum nec judicium habet, sapienter cautum fuit, ne privarentur; et curator pro furioso, tutor pro infante hereditatem adeunt, *l.* 18. *C. de Jure delib.*, *l. ult. C. de Curat. fur.* Ceterùm omnes adire posse non dubium est, qui et consentire possunt, et voluntatem seu verbis seu factis indicare, veluti surdum, mutum, et alios quodam sensu laborantes, sive natos, sive posteà factos, si modò quod agunt intelligant, *Inst. de Hered. qual. et diff. in fine.*

5. Cùm autem sine consensu fieri nequeat hereditatis aditio; nec quisquam invitus ad adeundum cogi possit, *l.* 6, § *ult. ff. de Acq. vel omitt. hered.*, consequens est, nullam esse omnìnò aditionem, si qua vi aut metu extorta fuerit, juxtà *l.* 116, *in pr. ff. de Reg. jur.*

6. Ut suprà diximus, aditionem hereditatis actum esse legitimum, sub conditione fieri non posse nos monet *l.* 77, *ff de Reg. Jur* quæ quidem regula specialiter applicatur *l.* 51 *in fine ff. de Acq. vel omitt. hered.*, ità ut si heres dixerit, si solvendo sit, hereditatem se adire velle, nulla aditio fiat.

7. Individuum dicere debemus jus heredis et nomen, hoc sensu, eum qui pro parte heres est, pro toto heredem esse; adeò ut deficientium partes, si pro suâ parte adierit etiam invitus acquirat, *l.* 53, *ff. de Acq. vel omitt. hered.*; undè sequitur, nullam pro parte aditionem fieri posse, *ll.* 1 *et* 2, *eod. tit.*

8. Quandiù vixit is de cujus hereditate agitur, hereditas non fuit; nulla est enim viventis hereditas. Si ergò eo vi-

vente hereditatem ejus adiveris, nihil fecisti; undè rectè sequitur, te pariter nihil egisse, si hereditatem adieris ipso etiam mortuo, modò delatæ tibi hereditatis conscius non fueris aut in dubio versatus fueris, *ll.* 19 *et* 32. *ff. de Acq. vel omitt. hered.*

9. Quæsitum est, an hereditas necdùm adita, ab eo cui delata fuerat, ad heredes transmitteretur? In genere, hereditas jacens nullius est, ideòque hereditatem nondùm aditam ad heredes transferri posse non placuit; nisi certis et expressis causis, *l. un.* § 5. *C. de Cad. toll.* Itaque distinguendum est inter suos et extraneos heredes. Cùm sui heredes ipso jure, imò et inscii heredes efficiantur, hereditatem sibi delatam procul dubio ad heredes transmittunt, tùm suos, tùm extraneos, et testamento legare possunt, *l.* 9. *ff. de Jure fisci. L.* 3, *C. de Jure delib. L.* 7, § 1, *ff. de Acq. vel omitt. hered.* Quod ad extraneos attinet, qui sine consensu et voluntate heredes esse nequeunt, delatam tantùm hereditatem, necdùm aditione vel pro herede gestione acquisitam ad heredes minimè transmittunt, *l. un.* §. 5, *C. de Cad. toll.* Cùm autem jus deliberandi de adeundâ vel repudiandâ hereditate omnibus concessum fuerit, æquum visum est, si is qui hereditatis sibi delatæ conscius, intrà certos deliberandi dies decesserit, jus illius ad heredes transferri, *l.* 19. *C. de Jure delib.* Ceterùm, si quis moriens nullam hereditatis sibi delatæ scientiam habuerit, jus adeundi ab eo minimè transmitti certum est, juxtà quod suprà diximus, *num.* 8.

10. Qui semel adiit, posteà reliquendæ hereditatis facultatem non habet. Si tamen minor quinque et viginti annis propter imbecillitatem ætatis, sicut in ceteris causis

sæpiùs accidit, deceptus fuerit, et damnosam hereditatem temerè susceperit, ei succurrere prætorem docet, §. 5, *Inst. de hered. qual. et diff. l.* 7. §. 10. *ff. de Minor.* Exemplum quoque tradit D. Justinianus §. 6, *Inst. eod. tit.* majoris cujusdam quinque et viginti annis, cui D. Adrianus veniam ab hereditate aditâ recedendi concesserat, quòd grande æs alienum primo tempore ignoratum emersisset; sed hoc speciali beneficio præstitum rectè monet princeps sacratissimus. Tenendum ergò neminem, si major sit, contrà aditam hereditatem restitui posse, cùm præsertim beneficia habeat deliberandi, et inventarii conficiendi. Si tamen vi aut metu coactus quis adierit, hunc putamus repudiare posse, quia nihil egit, ut suprà diximus. *num.* 5.

II. *De repudiandâ vel abstinendâ hereditate.*

Quemadmodùm in acquirendâ hereditate diximus suos heredes se immiscere, extraneos pro herede gerere, ità et in omittendâ profitendum est, suos heredes abstinere, extraneos repudiare. Cùm enim sui ipso jure heredes sint, et quasi continuationem dominii habeant, *l.* 11, *ff. de Lib. et posth.*, non repellere possunt: quamobrem antiquo jure prohibebantur quin delatam sibi recusarent hereditatem; sed eis posteà prætor succurrit, et beneficium abstinendi contulit, ut suprà diximus, *num.* 1. *de Acq. vel adeundâ hered.* Extraneis verò, cùm nemo invitus hereditatem adire cogatur, semper repudiare licet.

1. Porrò autem, quia omnis res eodem modo solvitur quo ligata est, sicut absque omni solemnitate, sed nudâ tantùm voluntate fit hereditatis aditio, ità, contrariâ des-

tinatione repudiatio intelligitur, *Inst. de hered. qual. et diff. in fine.* Igitur fit itidem verbis aut factis, *l.* 95, *ff. de Acq. vel omitt. hered.*

Verbis : Si declaraverit se heredem esse nolle, *arg. ex l.* 71. § 4, *ff. de Acq. vel omitt. hered.*

Factis : Si quidlibet egerit, ex quo pateat indicium voluntatis, *l.* 95, *ff. de Acq. vel omitt. hered.*, putà si spatium deliberandi elabi passus sit, et intereà nec adierit, nec pro herede gesserit.

2. Quòd si furioso, aut infanti delata sit hereditas, vide quæ suprà diximus, *num.* 4. *de Acq. vel ad. hered.* Si pupillo puberi jàm facto, cum auctoritate tutoris uti adire, ità et repudiare poterit, *Arg. ex l.* 11, *ff. de auct. et cons. tut.* Ceterùm nec repudiare cuiquam per procuratorem licet, ità ut ipse princeps inspicere debeat de commodo et incommodo, *l.* 2, *ff. de Off. proc. Cæs.*

3. Quia autem de viventis hereditate nullum potest esse pactum, nisi delatæ hereditatis repudiatio fieri nequit, *ll.* 13, §. 1. *et* 23, *ff. de Acq. vel omitt. hered.* Nec obstat quidquam, quin posteà adeat qui nondùm delatam omisit, nihil enim videtur egisse, *l.* 3. *C. de collat.* — *L. ult. ff. de suis et legit. hered.*

4. Repudiatione et abstentione, ut commodum hereditatis, ità et incommoda à se amovet is cui delata fuerat hereditas, et onus omne evitat æris alieni. Jure tamen civili filius licet patri heres non sit, nihilominùs debitum primipilare paternum agnoscere, ac fisco solvere tenetur; sed nulla indè aditio hereditatis intelligitur, nec continuò à creditoribus paternis conveniri potest, *l.* 3, *C. de Primipilo.*

5. Quòd si ex pluribus coheredibus quidam adire no-

luerint aut non potuerint, et omnes idem in successione jus obtineant, deficientium reliquis portiones accrescunt, *l.* 9, *ff. de suis et legit. hered.* Si verò unus heres sui gradûs extiterit, aut omnes ejusdem gradûs repudiaverint, ad ceteros heredes deferri hereditatem non dubium est, secundùm ordinem succedendi, *nov.* 118, à Justiniano introductum.

6. Insuper repudiatio id operatur, ut qui semel repudiavit hereditatem, eamdem ampliùs adire non possit, *l.* 4, *C. de abst. vel rep. hered.*, nisi ex diversis causis, veluti ex testamento simul et ab intestato, delata fuerit : quo casu, si ex testamento repudiaverit, adhùc ab intestato adire poterit, *l.* 17, § 1; *ff. de Acq. vel omitt. hered. tot.tit. ff. Si quis omissâ causâ test.* Si verò hereditatem repudiaverit quasi ab intestato sibi delatam, distinguendum est, utrùm testamentum noverit, nec ne : si quidem scit, credendus est utrumque repudiâsse; sin ignorat, non ei repudiatio nocebit, non enim ei deferri poterat hereditas ab intestato, nisi post repudiationem ex testamento, *l.* 17, §. 1, *ff, de Acq. vel omitt. hered.*

Quòd si quis post abstentionem aut repudiationem velit ad hereditatem redire, distinguendum est juxtà *l.* 6, *C. de Repud. vel abst. hered.* inter suum majorem, et minorem quinque et viginti annis, et extraneum. Si extraneus major repudiaverit, neque suo jure, neque per restitutionem acquirere hereditatem ampliùs potest. Si suus major abstinuerit, ac posteà mutatâ voluntate sese voluerit immiscere, suo jure, etiam post elapsum restitutionis tempus, abstentionem revocare intrà triennium poterit, modò res hereditariæ sint integri statûs, necdùm distractæ ; quòd si venditæ, nullus ei ad hereditatem aditus reservatur. Si heres minor sit annis quinque et viginti, vel adhùc intrà tempus restitutionis constitutus, tunc post impletum quadriennium, triennium ei insuper datur, intrà quod revocare suam potest abdicationem. Quo tempore transacto, ei adeundâ hereditate deinceps interdicitur. Si tamen heres suus sit, etiamsi res hereditariæ distractæ sint, impetratâ in integrum restitutione hereditati sese poterit immiscere. Favetur enim ei et quasi suo, et quasi minori, cui læso semper restitutio competit.

7. Si quis ignorans sibi delatam hereditatem, eam omiserit, non excluditur ab eâ vindicandâ longi temporis præscriptione, *l.* 8., *C. de Jure delib.*; undè colligimus longissimi temporis præscriptione excludi. Igitur jus adeundi non semper omissione prorsùs aufertur, et ideò perpetuum habetur: potest ergò heres, sive suus, sive extraneus, usque ad triginta annos adire vel se immiscere. Quibus elapsis, non solùm scientibus, sed et ignorantibus jus adeundi tollitur.

III. *De jure deliberandi.*

Jus deliberandi est facultas heredi concessa, ut intrà certum tempus de viribus hereditatis et oneribus inquirere possit, ac decernere utrùm adire velit an repudiare. Hoc tempus nullâ lege definitum est. Solebant aliquandò testatores heredes instituere cum cretione, id est certos dies indicare, intrà quos heres deliberare, et solemnibus verbis declarare debebat, velletne hereditatem suscipere, an non. Sed cretio, quæ nihil ceterùm interest ad hereditates ab intestato delatas, sublata fuit *l.* 17, *C. de Jure delib.*

1. Non semper idem tempus omnibus conceditur. Et

primò inspiciendum, utrùm urgeant solutionem creditores hereditarii, nec ne. Posteriore casu habet heres triginta annos, tamdiù enim durat hereditatis petitio, *l.* 7, *C. de Hered. pet.*, *l.* 9, *C. de Jure delib.* Priore autem casu, dabatur spatium aut à principe, aut à magistratu, quod annum si à principe, novem verò menses si à magistratu, non posset excedere. At constituit D. Justinianus non in posterum peti tempus, sed concedi ex lege annum, computandum à die quo scivit quis sibi delatam hereditatem. *L.* 19, *C. de Jure delib.*

2. Jure civili extraneis tantùm heredibus jus deliberandi competebat, cùm sui essent quoque necessarii; sed his prætor abstinendi tribuens beneficium, et jus deliberandi contulit, *l.* 19. *C. de Jure delib. l.* 8 *ff. eod. tit.* Notandum est tamen jus deliberandi non concedendum, si quem probetur pro herede gessisse; qui enim semel heres, semper heres.

3. Eo tantùm tempore oritur jus deliberandi, cùm defertur hereditas. Itaque si primo gradu vocatus repudiet aut abstineat, ei qui secundum gradum obtinet ex abstentionis vel repudiationis momento deliberandi tempus incipit, quia abstentione aut repudiatione tantùm jura hereditatis acquirit; atque ità gradatim, in quantum erit necessarium. *L.* 10. *ff. de Jure delib.*

4. Si pro pupillis aut minoribus quinque et viginti annis jus deliberandi petatur, se illorum nomine tutoribus et curatoribus daturum prætor pollicetur, atque vetiturum ne intereà bona deminuantur, *l.* 7. *ff. de Jure. delib.*

5. Quia autem spatium, qualecumque sit, ad deliberandum datur, licet interim heredi instrumenta hereditaria et rationes inspicere, undè se possit edocere, expediat nec

ne agnoscere hereditatem, *l.* 5. *in princ. ff. de Jure delib. l.* 28. *ff. de Acq. vel. omitt. her.* Similiter et testamenti tabulas aperire, inspicere et describere. *L.* 1. *ff. quemadm. test. aper.*

6. Si quæ res in hereditate contingant quæ sumptuosæ sint, aut deteriores morâ futuræ, veniam dabit prætor rogatus eas justis pretiis sine præjudicio vendendi; item si æs quoddam alienum durioribus conditionibus, veluti sub pœna, aut sub pretiosis pignoribus debeatur, solvendi concedet licentiam, *ll.* 5 *et* 6. *ff. de Jure delib.* Res quoque hereditarias deminui permittet, vescendi gratiâ, aut funeris causâ, vel eorum quæ sine piaculo non possunt præteriri; sed et ubi urget, ut ædificia sarciantur, neve agri inculti maneant. *L.* 7, *ff eod. tit.* Modò ità res hereditariæ tractentur, nullum in damnum incurret is cui delata est hereditas, quasi aditæ hereditatis, *l.* 20, *ff, de Acq. vel omitt. hered.*

7. Ex adverso creditores, pendente deliberandi spatio, contrà hereditatem heredemve agere, nec pignora distrahere possunt. *L.* 7, *ff. de Jure delib.*

8. Primò quidem deliberationis effectu, si intrà præfixum tempus heres non repudiaverit vel abstinuerit, omnibus creditoribus hereditariis in solidum obligatur, adeò ut hereditatem adiisse videatur, *l.* 19. *C. de Jure delib.* Altero autem effectu, facultatem suis tantùm heredibus anteà concessam obtinent et extranei, ut antè aditam hereditatem apertasque tabulas ejus quam nec adiverunt nec repudiaverunt hereditatis adeundæ vel repudiandæ ad heredes transmittant, si modò, 1°. intrà spatium deliberationis decesserint, *l.* 19. *C. de Jure delib.*; 2°. et sibi delatæ hereditatis conscientiam habuerint. *L.* 7. *eod. tit.*

9. Quoniam autem jure deliberandi nondùm satis tuti

erant heredes, et sæpiùs æs alienum quod primis temporibus latuerat, statim emergeret; novi institutione beneficii D. Justinianus heredibus succurrit, quo sine rei propriæ periculo statim hereditatem adire possint: id est, inventario legitimè confecto, ultrà vires hereditatis non teneantur. Est inventarium descriptio rerum omnium hereditariarum, sive mobiles sint, sive immobiles, et quæcumque in domicilio defuncti repertæ sunt, sive propriæ, sive alienæ, quia et hæ res in hereditate inveniuntur, et petitione hereditatis veniunt, *l.* 19, *ff. de petit. hered.*

10. Bonâ fide confici debet inventarium. Quæ autem solemnitates requirantur, ediscimus, *l.* 22, *C. de Jure delib. et nov.* 1, *cap.* 2, §. 1. Necesse est inchoetur intrà triginta dies postquàm hereditatem sibi delatam heres comperit, et intrà sexaginta alios dies perficiatur, aut saltem intrà annum, si res hereditariæ sint maximè distantes. Fiat sub præsentiâ tabulariorum. Citentur legatarii, fideicommissarii, coheredes, creditores, et omnes quorum interest; si absint, eorum loco tres testes idonei. Heres perfecto inventario subscriptionem supponat, significantem quantitatem rerum quas sine ullâ malignitate apud se servaturus est: quòd si sit à litteris alienus, vel scribendi impotens, specialem tabularium jubeat adhibitis testibus pro se subscribere, venerabili signo crucis anteà manu heredis præposito.

11. Effectus inventarii legitimè confecti sunt, 1.° ut heres creditoribus hereditariis non teneatur ultrà vires hereditatis, *l.* 10. *C. de Jure delib.*; 2.° ut non teneatur legatariis ultrà dodrantem, et possit retinere falcidiam, *l.* 22, §. 4, *eod. tit.*; 3.° ut non confundantur actiones quas contrà de-

functum habebat, nec illæ, si quas adversùs eum defunctus exercere potuisset, *eâd. l.* §. 9; 4.° ut non cogatur de ordine creditorum vel legatariorum esse sollicitus, sed possit cuilibet primo venienti solvere, salvo tamen inter eos jure privilegii aut hypothecarum, *eâd. l.* §. 5. *et seq.;* 5.° ut non possit conveniri intrà tempus inventarii conficiendi, nec deliberandi, *eâd.* l. §. 11; 6.° ut si nulla exstet in bonis defuncti pecunia, res hereditarias etiam invitis creditoribus possit in solutum dare, *eâd. l.* §. 6; 7.° ut quidquid in funus, testamenti insinuationem, inventarii confectionem, vel alias necessarias hereditatis causas impenderit, retinere possit: *eâd. l.* §. 9; 8.° ut res hereditariæ creditoribus pereant, *eâd. l.* §. 4.

12. Quòd si inventarium heres facere negligat, beneficium legis amittit, et ideò omnia hereditatis onera solvere tenetur de proprio patrimonio, eodem jure quo post aditionem sine conditione factam, etiamsi hereditas solvendo non sit, item legata et fideicommissa præstare quamvis ultrà vires hereditatis, nec potest deducere falcidiam, *eâd. l.* §. 12.

IV. *Si hereditas jacere dicatur.*

Jacens dicitur defuncti hereditas, quæ à nemine adhùc adita est. Hereditas jacens nullius in bonis est, nec fit heredis ipso jure, *l.* 80. *ff. de Legatis.* Quia autem dominia rerum in pendenti stare nequeunt, voluerunt legum latores hereditatem ipsam quasi personam haberi, et esse interim, donec adiretur, rerum hereditariarum dominam. Ità *l.* 34, *ff. de Acq. rer. dom.* hereditas defuncti personam sustinere dicitur. Ità *l.* 31, § 1, *ff. de Hered. inst.* domina vocatur, et defuncti locum obtinet. Cùm verò quotiescumque necessitas jubebat leges procuratorem admitterent pro eo qui vel non posset stare, vel non haberet personam legitimam standi in judicio, veluti pro populo syndicum, pro libertate assertorem, pro pupillo tutorem, pro prodigo curatorem, ità et pro jacente hereditate, procuratorem quempiam indicare haud incongruum videretur : quem in toto juris civilis corpore frustrà exquisivimus.

QUÆSTIONES.

1. An pro herede gerit, qui animo agnoscit successionem, licet nihil attingat hereditarium ? — Distinguendum : si res alienas quas hereditarias arbitratur animo capessendæ hereditatis contrectet, pro herede gerit; si verò animus tantùm ei adsit sine ullâ rerum contrectatione, non adit hereditatem.

2. An adit hereditatem, qui rem subripit hereditariam ? — Si suus heres sit, se immiscet; si extraneus, non pro herede gerit.

3. Filius dicens testamentum patris esse injustum, si paciscatur cum herede instituto se nihil petiturum, potestne deindè petere ? — Potest.

4. An creditoribus succurritur, si eorum debitor delatam sibi hereditatem in fraudem repudiaverit? — Actio Pauliana datur.

5. Possuntne liberi ut in paternâ ità et in maternâ hereditate repudiationem revocare ? — Regulariter non possunt; favore autem ampliato intrà annum possunt.

6. Potestne is de cujus hereditate agitur, heredi per testamentum remittere confectionem inventarii? — Potest, si nullos habeat creditores, legatariorum et fideicommissariorum tantummodò respectu.

7. An heres propter omissionem inventarii ut falcidiam ità et Trebellianicam amittit? — Non amittit.

DROIT FRANÇAIS.

DE L'ACCEPTATION ET DE LA RÉPUDIATION DES SUCCESSIONS.

1. Nous retrouvons dans notre Droit les mêmes faveurs que les lois romaines avaient sagement accordées aux habiles à succéder. Chez nous, comme à Rome, l'acceptation et la répudiation sont libres, l'héritier a des délais convenables pour délibérer sur le parti qu'il doit prendre, il jouit aussi du privilége de pouvoir séparer, par le bénéfice d'inventaire, son patrimoine de celui de son auteur. Néanmoins, les institutions que nous avons empruntées aux Romains ont été souvent modifiées par nos législateurs, et dans cette dissertation en particulier nous ferons remarquer un assez grand nombre de changemens et de progrès introduits dans la législation que nous avons adoptée.

Reprenons les principes généraux de la matière dans ses divisions.

I. *De l'acceptation des Successions.*

2. La loi française ne met point entre les héritiers les distinctions que les Romains avaient établies ; tous sont assujettis aux mêmes règles, et ces règles sont toutes renfermées dans ces deux axiômes qui, depuis l'unité du Code, sont devenus le droit de toute la France : *Nul n'est héritier qui ne veut ; le mort saisit le vif.* Dès-lors nous voyons

au premier coup-d'œil qu'il n'y a point parmi nous d'héritiers nécessaires. Quant aux héritiers siens, leur principal caractère distinctif était tiré de ce qu'ils étaient héritiers de plein droit par le fait de la mort de leur auteur, et qu'ils transmettaient à leurs héritiers le droit d'accepter ou de répudier la succession dans laquelle ils n'avaient pas encore pris qualité. Sous ce rapport, tous les héritiers réguliers ont chez nous le caractère de siens. C'est donc improprement que le Code civil se sert du mot *acceptation*. L'acceptation n'est, suivant notre Droit, qu'une simple immixtion, qu'un acte d'héritier, et l'on doit appliquer à l'acceptation le sens étendu dans lequel les Romains emploient ordinairement l'adition d'hérédité.

3. Nul ne peut accepter une succession avant qu'elle soit ouverte (Code Civil, art. 1130) ni avant d'y être appelé.

4. L'acceptation d'une succession étant un quasi-contrat par lequel l'héritier s'oblige à acquitter toutes les dettes et charges de l'hérédité, il s'ensuit que l'acceptation ne peut être faite que par une persoune capable de s'obliger. Ainsi la succession échue à un mineur ou à un interdit ne peut être acceptée que par son tuteur autorisé du conseil de famille; et le législateur a sagemeut ordonné qu'une semblable acceptation ne pût jamais avoir lieu que sous bénéfice d'inventaire, afin que le tuteur n'eût jamais à s'imputer une lésion dont son pupille aurait souffert. Quant à la femme mariée, elle est dans une position différente de celle du mineur et de l'interdit. Ceux-ci n'ont et ne peuvent avoir de volonté; et dès lors la loi a dû suppléer au consentement qu'ils sont dans l'impossibilité de donner: la femme ma-

riée, au contraire, est par elle-même habile à contracter, et l'assistance de son mari ne lui est pas indispensable pour qu'elle puisse péser les avantages ou les inconvéniens d'une acceptation. Ainsi ce n'est point le mari qui consent et qui s'oblige, c'est la femme avec son autorisation, et elle peut accepter purement et simplement (776). Néanmoins, si les objets échus à la femme étaient de nature à tomber en communauté, le mari pourrait seul, et de son chef, former contre les cohéritiers l'action en partage, et par conséquent, accepter la succession à ses risques et périls personnels, car l'action en partage entraîne nécessairement l'adition d'hérédité. Dans le cas où les objets échus par succession ne devraient pas tomber en communauté, le mari pourrait cependant demander le partage provisionnel sans le concours de sa femme, s'il avait le droit de jouir de ses biens; mais le partage définitif et l'acceptation ne pourraient avoir lieu sans le concours de la femme (818).

5. L'acceptation résulte plus de la volonté que du fait de l'acceptant; celui-ci peut faire connaître sa volonté de deux manières, soit par des paroles ou par des actions.

L'acceptation est expresse, quand on prend le titre ou la qualité d'héritier dans un acte authentique ou privé; elle est tacite, quand l'héritier fait un acte qu'il lui serait impossible de faire en une autre qualité que celle d'héritier (778).

Si par exemple il donne ou vend sa part héréditaire; s'il renonce même gratuitement au profit de partie de ses cohéritiers; s'il renonce même purement et simplement, mais en recevant le prix de sa renonciation; il fait acte d'héritier, car faire acte d'héritier, c'est faire acte de propriétaire, et on ne peut aliéner ce dont on n'a pas la propriété (780).

Si donc l'héritier présomptif administre les biens héréditaires, s'il fait réparer les maisons, s'il renouvelle les baux, il fait acte d'héritier, car il agit en maître : si néanmoins il était vrai qu'il n'eût fait ces actes que pour empêcher la ruine ou le dépérissement des effets dépendans de la succession, et comme un gérant d'affaires étranger à l'hérédité, il ne serait pas regardé comme ayant accepté. Il faudrait cependant qu'il n'eût pris ni le titre ni la qualité d'héritier (779), et la sagesse même lui fait une loi de manifester sa volonté contraire par des réserves ou des protestations.

6. Tous ces principes nous sont communs avec le droit romain; toutefois on remarque que notre législateur est plus scrupuleux pour considérer comme acte d'héritier les actes faits par l'habile à succéder. Ainsi, en droit romain, peu importe que l'on donne sa part héréditaire à un cohéritier ou à un étranger; dans tous les cas on a accepté. Notre Code ne regarde comme entraînant l'adition tacite qu'un acte qui suppose *nécessairement* l'intention d'accepter; dans le doute, les Romains supposent toujours cette intention, et c'est à l'héritier à prouver sa volonté contraire.

7. L'effet de l'acceptation remonte au jour de l'ouverture de la succession (777). Ici le droit français diffère essentiellement du droit romain. Chez nous la propriété ne peut pas être incertaine. Nous ne connaissons pas cette hérédité gisante dont nos maîtres en législation ont été obligés de faire une personne pour supposer que ses biens

appartiennent à quelqu'un. Le mort saisit le vif; voilà pour nous le principe conservateur de toutes les propriétés et de toutes les légitimités.

De cet axiôme suit une conséqnence inévitable; c'est que si l'héritier présomptif est décédé sans avoir pris qualité dans la succession, il transmet à ses héritiers le droit de l'accepter ou de la répudier de son chef (781). Que si ces héritiers n'étaient pas d'accord sur le parti à prendre, la question était fort douteuse sous l'ancienne législation : les auteurs du Code l'ont définitivement tranchée; aujourd'hui dans ce cas la succession doit être acceptée sous benéfice d'inventaire (782). Ainsi ceux qui voulaient renoncer sont héritiers malgré eux; ceux qui auraient voulu s'immiscer purement et simplement se trouvent assujettis aux formalités que la loi exige des héritiers bénéficiaires.

8. Le majeur ne peut attaquer l'acceptation expresse ou tacite qu'il a faite d'une succession, si ce n'est dans le cas où cette acceptation aurait été la suite d'un dol pratiqué envers lui (783). Néanmoins, comme il ne pent y avoir d'acceptation sans consentement, on doit encore tenir pour certain qu'il pourrait y avoir lieu à restitution, si le consentement avait été vicié de l'une des manières indiquées aux articles 1109, 1110 et 1111.

Le majeur ne peut révoquer son acceptation ponr cause de lésion, que si la succession se trouvait absorbée ou diminuée de plus de moitié par la découverte d'un testament inconnu lors de l'acceptation (783).

Dans aucun autre cas, le majeur ne peut être restitué contre son acceptation.

Quant au mineur, il peut obtenir sa restitution, en prouvant qu'il a été lésé (1305).

II. *De la renonciation aux Successions.*

9. Long-temps avant la publication de notre Code civil, notre ancien droit avait recueilli cet adage des lois romaines, que nul n'est héritier qui ne veut. Ainsi de tout temps il a été permis de renoncer à une succession échue (775). Quant au mode de renonciation, il n'était ni fixe, ni uniforme. Dans plusieurs provinces, l'usage consacrait encore les répudiations tacites que le droit romain avait admises, quoique les docteurs enseignâssent généralement que la renonciation devait être expresse, et faite dans un acte authentique reçu par un notaire ou un greffier. Un acte de notoriété du Châtelet de Paris, du 24 juillet 1706, déclarait que l'abstension seule ne suffisait pas, du moins en ligne directe, pour faire disparaître la qualité d'héritier. Néanmoins les coutumes et le droit commun étaient en opposition avec cette doctrine.

Les auteurs du Code civil ont pensé qu'une renonciation à un droit aussi important que celui d'une succession devait toujours être incontestable, et qu'il ne fallait jamais être dans le cas de la présumer; considérant aussi qu'il importait à la société toute entière de savoir à qui passaient les successions, ils ont voulu que les renonciations fûssent toujours expresses, authentiques, et qu'elles ne pûssent être faites que sur un registre spécial, au greffe du tribunal dans le ressort duquel la succession se serait ouverte (784). Il est inutile de rapporter ici, pour la répudiation des successions, ce qui a été dit relativement à leur acceptation, pour ce qui concerne les incapables, tels que les mineurs ou les interdits, et les personnes qui ne peuvent agir sans l'assistance d'un conseil, tels que les femmes mariées ou les mineurs émancipés, les mêmes principes sont évidemment applicables.

10. Notre ancien droit, contraire aux principes de la jurisprudence romaine, avait toléré l'usage de certaines renonciations à des successions futures. Ainsi, il arrivait assez fréquemment que par contrat de mariage, une fille en recevant sa dot, renonçât à la succession future de ses père et mère. La raison qui avait fait établir ces renonciations permises en faveur des contrats de mariage, était le désir de conserver les biens dans les familles, et de soutenir la splendeur du nom. Ce droit exorbitant ne se trouvait plus en harmonie avec les lois dont le but était de diviser les biens, et d'en obliger la transmission sans égard à leur origine : les renonciations aux successions futures ont péri dans le même temps que la règle *paterna paternis*, *materna maternis.* Aujourd'hui, revenus aux principes du droit romain, nous reconnaissons qu'une succession ne peut être répudiée que par celui à qui elle est déférée, et qu'on ne saurait aliéner valablement les droits éventuels qu'on peut y avoir avant son ouverture, même du consentement de celui de la succession duquel il s'agit (791, 1130).

11. Et comme il est impossible de revenir contre une acceptation, celui qui aurait fait acte d'héritier, qui, par exemple, aurait diverti ou récélé quelqu'un des effets de la

4

succession, serait réputé héritier pur et simple, nonobstant toute renonciation (792).

12. La renonciation aux successions produit deux effets principaux : 1°. le renonçant est censé n'avoir jamais été héritier (786); 2°. sa part accroît à ses cohéritiers : s'il est seul de son degré, elle est dévolue au degré subséquent (786).

13. La faculté de répudier une succession, comme de l'accepter, se prescrit par trente ans.

14. Si un héritier renonçait en fraude des droits de ses créanciers, ceux-ci pourraient se faire autoriser par le juge à accepter la succession de son chef. Mais dans ce cas la renonciation ne serait annullée que dans leur intérêt, et seulement jusqu'à concurrence de ce qui leur serait dû (788). Si donc les créanciers étaient payés sans que la part du renonçant fut absorbée, ce ne serait pas à lui que l'excédant appartiendrait, mais aux héritiers à qui sa renonciation l'avait assuré soit par droit d'accroissement, soit par droit de dévolution.

Le renonçant lui-même peut au surplus révoquer sa renonciation, lorsque la succession n'a point été acceptée par d'autres, et que la faculté d'accepter n'est pas prescrite; sans préjudice toutefois des droits acquis à des tiers, soit par la prescription, soit par des actes valablement faits avec le curateur à la succession vacante (790). Du reste l'héritier ne jouit pas chez nous du bénéfice que les romains accordaient à l'héritier sien, de révoquer son abstension dans l'espace de trois ans.

III. *Du Bénéfice d'Inventaire.*

15. Le droit de délibérer si sagement introduit dans le droit romain a passé dans le nôtre; et comme le législateur a pensé que le meilleur et le plus sûr moyen de bien connoître l'avantage et le désavantage d'une succession serait de faire un inventaire fidèle et exact, l'ordonnance de 1667, copiée littéralement par le Code Civil (795), donne à l'héritier trois mois pour faire inventaire, et quarante jours pour délibérer, lesquels commencent à courir ou du jour de l'expiration des trois mois, ou du jour de la clôture de l'inventaire, s'il a été terminé auparavant. Et s'il justifie que les délais de la loi ont été insuffisans, il obtiendra du juge une prolongation proportionnée aux circonstances (798). Pendant la durée de ces délais, il ne peut être contraint à prendre qualité, ni souffrir aucune condamnation comme héritier: et s'il renonce, les frais faits par lui légitimement jusque là demeurent à la charge de la succession (797). Si même après l'expiration de ces délais il n'avait encore fait aucun acte d'héritier, et qu'il n'existât pas contre lui de jugement passé en force de chose jugée qui le condamnât comme héritier pur et simple, il aurait la faculté de faire inventaire, et de se porter héritier bénéficiaire (300).

16. Nos lois ne se contentent pas, comme les lois romaines, de la confection de l'inventaire; il faut en outre que l'héritier qui veut jouir du bénéfice d'inventaire, en fasse la déclaration expresse au greffe du tribunal dans l'arrondissement duquel la succession s'est ouverte, et qu'il la fasse inscrire sur le registre destiné à recevoir les actes de re-

noneiation (793); et cette déclaration n'a d'effet qu'autant qu'elle est précédée ou suivie d'un inventaire fidèle et exact, contenant la déclaration des titres actifs et passifs de la succession, ainsi que la description des effets mobiliers qui en dépendent, et qui doivent être estimés à juste valeur et sans crue (794, Code de proc. 943).

17. Par l'acceptation sous bénéfice d'inventaire, l'héritier acquiert l'avantage, 1°. de n'être tenu du paiement des dettes de la succession que jusqu'à concurrence des émolumens qu'il y a recueillis, et même de pouvoir se décharger du paiement des dettes en abandonnant les biens de la succession aux créanciers et aux légataires; 2°. de ne pas confondre ses biens personnels avec ceux de la succession, et de conserver contre elle le droit de réclamer le paiement de ses créances (802). Son action dans ce cas devra être dirigée contre les autres héritiers. S'il n'y en a pas, ou que l'action soit exercée par tous, elle le sera contre un curateur au bénéfice d'inventaire nommé par le tribunal à la requête des parties intéressées (Code de proc. 996).

18. Comme l'héritier est toujours obligé de supporter les charges de la succession, et que l'héritier bénéficiaire doit toujours justifier aux créanciers qu'il n'a fait aucun gain sur l'hérédité, le législateur a suppléé au défaut des lois romaines, en le chargeant de l'administration des biens héréditaires (803), et le rendant responsable des fautes graves qu'il commettrait dans sa gestion (804). D'où il suit, 1.° qu'il est tenu pour la vente des biens de la succession, de se conformer aux lois de la procédure (803, 806), sous peine d'être réputé héritier pur et

simple ; 2.° de déléguer le prix des immeubles aux créanciers hypothécaires qui se sont fait connaître : le prix du mobilier et la portion du prix des immeubles non distribuée aux hypothécaires sont distribués par contribution entre les créanciers opposans, et s'il n'y a pas d'opposans aux créanciers et légataires à mesure qu'ils se présentent (808); 3.° il doit compte de son administration aux créanciers non payés, et aux légataires. Il est autorisé à y porter tous les frais légitimement faits, soit pour la conservation des biens de la succession, soit pour les scellés s'il en a été apposé, l'inventaire et le compte même (803,810); et il ne peut être tenu sur ses biens personnels pour raison des dettes et charges de la succession, que s'il a été mis en demeure de rendre son compte, ou si par l'événement de ce compte il demeure reliquataire (802,803); 4.° il est tenu, si les créanciers ou autres intéressés l'exigent, de donner bonne et valable caution de la valeur du mobilier, et des deniers existans entre ses mains, à défaut de quoi les meubles sont vendus, et le prix en doit être déposé à la caisse des consignations, pour être employé à l'acquit des charges de la succession (807).

Les créanciers non opposans qui ne se présentent qu'après l'apurement du compte et le paiement du reliquat, n'ont de recours que contre les légataires, encore ce recours est-il prescrit par le laps de trois années, à compter du jour de l'apurement du compte et du paiement du reliquat (809.)

IV. *Des Successions vacantes.*

19. On appelle succession vacante, celle qui n'appartient à aucun héritier connu, ou à laquelle tous les héritiers connus ont renoncé (811). Cette succession doit être pourvue d'un curateur nommé par le tribunal, à la requête des parties intéressées, ou du ministère public (812).

Ce curateur est soumis aux mêmes obligations que l'héritier bénéficiaire : ainsi, il doit avant tout faire dresser l'inventaire de la succession vacante; il est administrateur et représentant de la succession, il répond aux demandes formées contre elle, exerce ses actions, fait vendre ses biens, à la charge de déposer le numéraire à la caisse des consignations, et de rendre compte à qui de droit (813, 814).

Les Romains paraissent n'avoir pris aucune précaution pour l'administration et la conservation de l'hérédité vacante.

Questions.

1. L'habile à succéder fait-il acte d'héritier en attaquant de nullité le testament de son auteur ? — Oui, en général : si cependant il le faisait dans les délais pour faire inventaire et délibérer, et en protestant que son intention n'est que de connaître exactement les forces réelles de la succession, on pourrait suivant les circonstances ne pas considérer son action comme une adition d'hérédité.

2. *Quid*, s'il exerce une action en pétition d'hérédité ? — Même solution.

3. La répudiation de la succession, sous réserve de la légitime; est-elle un acte d'héritier? — Oui.

4. S'il existe un jugement passé en force de chose jugée qui condamne l'héritier présomptif comme héritier pur et simple, est-il irrévocablement héritier, même à l'égard de ceux qui n'étaient point parties au jugement? — Oui, la qualité d'héritier est indivisible.

5. Le renonçant peut-il faire acte d'héritier après sa renonciation, lorsque d'autres ont accepté? S'il recèle ou divertit des effets de la succession, les créanciers pourront-ils revenir contre sa renonciation? — Non; ce ne sont plus les effets de la succession, mais de celui qui l'a acceptée.

6. Si les héritiers du premier degré renoncent à la succession, devra-t-on accorder à ceux du second degré, un nouveau délai pour faire inventaire et délibérer? — Oui, et on ne pourra leur en accorder de moindre que celui de la loi.

7. Peut-on valablement accepter sous bénéfice d'inventaire au greffe d'un tribunal français la succession d'un Français mort en pays étranger? — Oui, au greffe du tribunal de son dernier domicile en France.

8. Si le défunt laisse des biens en France et des biens en pays étranger, peut-on accepter les uns et répudier les autres? — Oui: l'acte de répudiation fait dans un pays n'a aucun effet dans l'autre, et réciproquement.

9. Le légataire universel a-t il le droit de faire inventaire, de délibérer, et d'accepter sous bénéfice d'inventaire? — Oui.

www.ingramcontent.com/pod-product-compliance
Ingram Content Group UK Ltd.
Pitfield, Milton Keynes, MK11 3LW, UK
UKHW021033260726
13994UKWH00005B/2118